सुरमयी शाम

कविता संग्रह

डॉ. स्वाति जयवंत राव बुटे

क्रम-सूची

समर्पण

मैं हिंदी में प्रकाशित अपनी यह पहली किताब अपनी माता - श्रीमती प्रेमा बुटे एवं पिता - स्वर्गीय श्री जयवंत राव बुटे को समर्पित करना चाहूँगी। इस किताब में प्रकाशित कविताएँ मैंने अपने आकाशवाणी - खंडवा, इंदौर एवं भोपाल रेडियो स्टेशन के कार्यकाल के दौरान लिखी हैं। मेरे जीवन में, आकाशवाणी के युववाणी कार्यक्रम के लिए प्रस्तुतकर्ता के रूप में चयन होना एक बहुत गर्वीली उपलब्धि रही है, जिसका श्रेय मैं अपनी माता श्रीमती प्रेमा बुटे एवं पिता स्वर्गीय श्री जयवंत राव बुटे को देना चाहूँगी।

साथ ही मैं अपनी बड़ी बहन श्रीमती क्षमा बुटे शिंदे एवं छोटे भाई श्री सचिन जयवंत राव बुटे को भी धन्यवाद देना चाहूँगी, जिनका स्नेह एवं मार्गदर्शन मेरे लिए हमेशा ही प्रेरणा का स्रोत रहा है। मैं आकाशवाणी खंडवा के सभी माननीय अधिकारियों एवं कर्मचारियों का भी धन्यवाद करना चाहूँगी, जिनके मार्गदर्शन ने मेरे जीवन को एक नया अर्थ एवं दिशा दी।

इसी तरह मैं आकाशवाणी इंदौर एवं भोपाल के सभी अधिकारियों एवं कर्मचारियों का भी धन्यवाद करना चाहूँगी, जिनके योग्य मार्गदर्शन में मैंने कई नई एवं अच्छी बातें सीखी और उन्हें आत्मसात किया, जिन्होंने निश्चित ही मेरे जीवन को एक सही दिशा दी।

मैं आकाशवाणी खंडवा, इंदौर एवं भोपाल के अपने सभी सहकर्मियों का भी धन्यवाद करना चाहूँगी, जिनके साथ काम करते हुए मैंने कई नई बातें सीखी।

- डॉ स्वाति जयवंत राव बुटे

1. अभिलाषा

ये तेरी गोद है, जिसमें पल के मैंने ममता को जाना,

ये तेरा आँचल है जिसमें कई बार भीगीं आँखों को पोंछा,

ये तेरी मीठी बोली है, जिसमें मैंने अपनापन पाया,

ये तेरे मजबूत हाथ है, जिसमें मैंने खुद को सुरक्षित पाया,

तेरी हीं परछाई मैं, तेरा ही प्रतिबिंब मैं, तेरी हीं संतान मैं,

जब जब पाया ख़ुद को कमज़ोर, कर याद तुझे, शीश झुकाया,

उद्देश्य मे हूँ सफ़ल, ऐसा वरदान दे,

वास्तव में तेरी संतान कहलाऊं, ऐसा आशीर्वाद दें.

तेरे पथ पे चलते हुये, खुद को समर्पित कर दूं सत कर्मों में,

हे माँ मुझे ऐसा आशीर्वाद दे।

2. माँ

माँ इस शब्द में जैसे प्यार बसता है, ममता उमड़ती है।

माँ धुरी होती है एक परिवार की,

जिसकी हम पूजा करते हैं।

बालग्राम में, माँ वो देवी है,

जो रिश्तों को प्यार की नाज़ुक डोर से बांधे रखती है।

भावनाओं की इन गहराइयों को,

शब्दों में अभिव्यक्त करना नामुमकिन है।

मदर्स डे वह अवसर होता है जब जज़्बात खुद ब खुद बह उठते हैं।

3. लोक गीत

गाँव की कच्ची मिट्टी, चूल्हे की सौंधी सुगंध,

और सरसों के फूलों की जो मदमाती ख़ुशबू होती हैं,

उसी एक महक से सरोबार होते है, हमारे लोकगीत।

शाम के धुंधलके मे ओस से भीगे पत्तों पर,

शबनम की तरह इठलाती कोई आवाज़,

पहाड़ों को चीरते हुए, फ़िज़ा मे गूंज उठती है,

तो जैसे ये ज़र्रे ज़र्रे में,

अपनी आत्मा की पुकार उंडेल देती है।

4. परछाईयाँ

वो जो लम्हा दर लम्हा बीतता है,

वो याद दिला जाता है,

हर उस लम्हे की,

जिसे जिया था हमने प्यार की शाखों से लदे

दरख़्त की घनी ठंडी छाँह में।

वो जो लम्हा बीतता है उन यादों के साथ

वो फिर लम्हा नहीं रहता,

बन जाता है सदियों की लम्बी दास्तान।

तन्हा तन्हा मैं फिरा करता हूं,

अनजान सी गलियों में,

बदलती जाती है, गलियों की सूरतें

लेकिन एक सूरत छायी रहती हैं

सदा यादों की बदलियों में।

वही चेहरे, वही किस्से,

वही कहानियाँ, वही रुमानियाँ हैं,

वहीं संजीदगी, वही अदायगी, वहीं रवानगियाँ है,

वही परछाईयाँ हैं, वही है अपने वजूद को पाने की कश्मकश,

वही बेचारिगयाँ हैं।

5. पहचान

आसमान खुद झुक जाएगा, नज़रें उठा कर तो देखो,

असीम प्रवाह को तोड़ देती हैं, प्रचंड वेग से उठती हर लहर,

बालू के कण बन बिखर जाती हैं, हर चट्टान,

उस लहर के वेग को खुद में समा तोड़ दो,

राह की हर मुश्किल को,

हर मुश्किल होगी आसान, जब खुद की पहचान बन जायेगी,

क्यों है कदम थके थके से,

क्यों हैं इरादे बूझे बूझे से,

क्यों तन्हाई को हमराज़ बनाया है,

क्यों परेशान हो खुद से?

हर मुश्किल होगी आसान जब खुद की पहचान बन जायेगी,

हर बाग़ में कलियाँ चटकेगी, हर फूल पे रंगत आयेगी,

महक जायेगी फ़िज़ा भी, बरस उठेगी घटा भी,

तन्हाईयाँ भी गुनगुनाएगी, जब खुद की पहचान बन जायेगी।

6. बस यूँ ही

यूं ही बैठें बैठें, कभी कभी याद आ जाता है,

वो प्यारा सा बचपन।

यूँ ही बहुत कुछ याद दिला जाता हैं,

वो सलोना सा बचपन।

वो तितलियों के पीछे भागना,

वो इमली के पेड़ों से पत्थर मार के इमली तोड़ना,

वो यूँ ही भँवरों को पकड़ना।

वो मखमली गायों को पकड़ने के लिए सुबह-सुबह उठना,

वो यूँ ही हर आती जाती सवारी के साथ दौड़ना।

वो पेड़ों पर पड़े झूलों पर झूलते हुये,

आसमान को छू लेने की सोचना।

वो भरी दोपहर में बेरी से बेर तोड़ लाना।

वो छुईमुई की पत्तियों को छू कर,

उनके लजाने पर,

ताली पीट पीट कर हँसना।

वो रेत के घर बनाना।

वो पुरे खिले चंदा भरी रात में खुले आसमान के नीचे बैठ
रात-रात भर बतियाना,

वो भूतों की कहानियों से डरना।

वो पेड़ों की डालियो पे चढ़ छुपा-छुपी खेलना।

वो खेतों में जा-जा कर चोरी से गेहूँ की बालियां चुराना।

वो नदी के किनारे बैठ कागज की नाव चलाना।

वो बारिश में भीगना।

वो ठंड में सुलगती आग के किनारे बैठ हाथ तापना।

वो पापा की गोद में सारी - सारी रात सोना।

वो सुबह-सुबह घर से बस्ता ले कर रोते हुये निकलना।

बस यूँ ही कभी बैठे बैठे याद आ जाता है,

वो प्यारा सा बचपन,

यूँ ही बहुत कुछ याद दिला जाता है,

वो सलोना सा बचपन।

7. छोटा सा गांव

वो सूखी रोटी की महक,

वो मिट्टी की सौंधी सुगंध,

वो हरे पत्तों की रंगत,

वो सूखी धरती की सुगंध,

वो पगडंडियों से उड़ती मिट्टी,

वो घने पेड़ों की छाँव,

पेड़ों पर खिलते फूलों की खुशबू,

फूलते फलों की महक।

वो चिड़ियाँ का पेड़ पर बैठ कर उड़ जाना,

वो गिलहरी का अधखायें फलों को गिरा कर भाग जाना,

वो खेतों में बहते पानी की ठंडी फुहार,

वो मंद हवा में डोलती, नई कोंपलों से लदी डालियाँ।

वो खेतों से लौटती, हंसी बिखेरतीं शोख बालाएं,

वो घंटियों की मीठी आवाज़,

वो बच्चों की भोली हंसी,

वो मासूम निगाहें,

अपनी अनजान आँखों से संसार को जानने की असहज ललक।

कुछ भी न होकर अपने आप में बहुत कुछ समेटे,

बहुत याद आता है, मुझे मेरा छोटा सा गाँव।

8. अनवरत

हर मौसम लाता है, नई नई सौगात,

नए नए वादे, नए नए सपनें,

हर दिन की शुरुवात होती है,

एक नए उद्देश्य के साथ,

नया दिन, नया सपना,

नया नया सब कुछ अच्छा लगता है,

लेकिन बीतता जाता है जैसे दिन,

शुरु होती हैं, संघर्ष की दास्ताँ।

सर चढ़ते सूरज की वही तपिश,

वही भागमभाग, अपने वजूद को पाने की लड़ाई,

दो वक़्त पेट भरने के लिए रोटी की लड़ाई,

जिसके लिए हम भूल जाते हैं, खुद को,

खुद के होने के उद्देश्य को,

जिस मानवता की हम बात करते हैं,

उसे ही पैरों तले, रौंद कर आगे बढ़ जाते हैं,

अपने अहम की तुष्टि के लिए,

भूल जाते हैं अपनों को,

भूल जाते हैं हमारे सामने बैठा बच्चा

जिस रोटी के लिए तरस रहा हैं,

उसी रोटी को पाने के लिए,

हम भी कभी तरसे थे,

भूल जाते हैं हर उस दर्द को,

जिसे कभी हमने सहा था,

काल का चक्र, इसी तरह चलता रहता हैं,

बिना रुके **अनवरत**।

9. आदमी का आदमी से रिश्ता

हर रिश्ते ने बदला है खुद को, जैसे मौसम बदलते हैं।

आदमी ने बदला है खुद को,

यहाँ हर कोई पा लेना चाहता हैं अकेले,

कतराता है देने को थोड़ा सा अपनापन।

तरसता रहता है, प्यार के दो मीठे बोल सुनने को,

लेकिन खुद पहल करते डरता हैं।

सब कुछ सीमित कर लेना चाहता है अपने आँचल में।

आदमी की इसी प्रवृति ने तोड़ा हैं,

आदमी को आदमी से।

खुद आदमी ने बदला है, आदमी से आदमी का रिश्ता।

10. चाँद

स्वर भी मैं, निनाद भी मैं,

जो बीत गया उसका अहसास भी मैं।

भूलकर भी जिसे भुला न पाऊँ,

यादों की वो दास्ताँ भी मैं।

11. मौसम की रवानगी

कभी दूर से बह कर आती हवाओं से पूछा,

कभी बदलते मौसम की रवानगी से पूछा,

कभी सावन की रिमझिम फुहारों से पूछा,

कभी रंगी नज़ारों से पूछा।

आज फिर एक गमगीन शाम गुज़रने को है,

आज फिर इंतज़ार का वही आलम है,

आज फिर चंदा के निकलने पर चाँदनी मुस्कुराई है,

आज फिर दूर तलक फैली वही तन्हाई है।

12. उठते भँवर

दूर तक पसरी पड़ी रेत पर गिरते चाँद की रोशनी का जो
मंज़र दिखाई देता है,

वो दूर से ही ख़ूबसूरत नज़र आता है।

पास से गुज़रते हुए अक्सर छू जाते हैं, सेहरा से उठते भँवर।

13. समय की पुकार

है समय की यही पुकार,

मिले हर लड़की को, थोड़ा सा प्यार, थोड़ा दुलार।

थोड़ा सम्मान, थोड़ा आराम,

भीगी आँखों में भोले से अरमान,

जो है उसका जन्म सिद्ध अधिकार।

14. लड़की होने की पहचान

आई हूँ मैं इस धरती पर प्यार बांटने के लिए,

आई हूँ मैं इस धरती पर जीवन देने के लिए।

वो जीवन, जो है जीने के लिए,

खुशियों से उसे मैं सजाती हूँ।

वो जीवन जो हैं, बनने के लिए,

प्यार से उसे संवारती हूँ।

वो जीवन जो है बहने के लिए,

ममता से उसे दुलारती हूँ।

जो भी है बिखरा-बिखरा सा यहाँ,

उसे देना है, मुझे सही आकार,

यही है मेरे लड़की होने की पहचान।

15. मौसम का अंदाज

पंछियों की चह - चहाहट में एक अजीब सी धुन हैं,

बहते पानी के सरगम में एक मिठास हैं,

उड़ती फ़िज़ा की बयार में एक सुगंध है।

क्या रुख है, क्या समां है,

कुछ जाना सा कुछ अनजाना सा,

ये मौसम का अंदाज़ है।

16. ग़ैरों की बस्ती

ये ग़ैरों की बस्ती है, न ठहर ज़्यादा देर यहाँ।

यहाँ लोगों के दिल ठंडे हैं, ईमान बदलते हैं।

वो जो एक लम्हा अपने साथ लिए फिरता है,

ठंडी हवा का झोंका,

वो झोंका जिसमें प्यार बसता है, ईमान बसता है,

ईमान की खुशबू बसती है।

वो जो एक लम्हा ज़्यादा देर यहाँ ठहर गया,

फिर उसकी खुशबू में वो ठंडक कहाँ होगी,

वो ख़ुमारी कहाँ होगी।

17. पवित्रता का उजास

गहरे समंदर की कोख में पलते हुए,

कभी उसने सुना था, साहिल के बारे में और मचल पड़ा था।

उस किनारे को पाने को एक नन्हा सा मोती।

तभी सीप ने धीरे से सहला के उसे कहा था,

अभी तो तुम्हें समेटना है, समुन्दर की इस निश्चलता,

इस पवित्रता, इस गहराई को अपने भीतर,

निखारना है अपने आपको।

फिर पूर्वा की मंद हलोरें पर डोलते हुए,

उन लहरों पे सवार हो के जाना है उस किनारे की ओर,

जहाँ कोई मांझी करता होगा तुम्हारा इंतजार,

जिसके जीवन में भरना होगा तुम्हे,

अपनी पवित्रता का उजास।

18. सुरमयी शाम

बसेरों को लौटते हुए,

पंछियों ने बादलों की गठरी को धीरे से छुआ

और पसर गयी आसमान में सतरंगी बयार,

जिसकी रंगत से सरोबार हो फ़िज़ा भी महक गयी।

बर्फ़ीली वादियों से रोज़ नए रूप में,

सजकर आती सुरमयी शाम।

आओ देखें तो ज़रा, आज कौन सा संदेश लेकर आयी है।

19. रुनझुन बूँदें

आज साथ है सारे नज़ारे, सारी दुआएँ,

पंछियों ने भी सुर मिलाया है, मेरे सुर में।

बरखा ने पायल बाँधी है, रुनझुन बूँदों की,

फ़िज़ा ने खोली है, अपनी घटाएँ।

वो दूर गगन से उड़कर आता पंछी,

सुनो तो जरा,

शायद लाया है मेरे नाम संदेश कोई।

20. समर्पण की ख़ुशबू

अलसाई भोर में,

कोमल हरी घास पर इठलाती सतरंगी शबनम की एक बूंद में,

जो मासूमियत हमें नज़र आती है,

महकते फूलों के बगीचों से।

जो मीठी खुशबू की बयार आती है,

हौले-हौले सुनहरी किरणों से चमकती नदी के बहाव में,

जो गुनगुनाहट हमें सुनाई देती है।

ये जो असीम पवित्रता है,

जो प्रकृति के ज़र्रे-ज़र्रे को एक दूसरे से बाँधे रखती है,

इसी पवित्रता की बुनियाद पर पनपते हैं मानवीय रिश्ते,

जिनमें बसी होती है अपार स्नेह और समर्पण की खुशबू।

21. रौशनी का सफ़र

रौशनी का सफर इतना आसान नहीं,

एक किरण प्रकाश की चलती है।

तय करती है वो इतनी दूरी,

जो हमारी कल्पना से भी परे है।

पार करती है वो अथाह अनंत अंतरिक्ष को,

वो निरुद्देश्य नहीं है।

वो जानती है,

कई कलियाँ खिलने के इंतज़ार में हैं,

बच्चे धूप में खेलने के लिए जागने ही वाले हैं,

निकलना है चिड़ियों को दाने-पानी की तलाश में,

अकेली ही एक किरण, चीरती हुई विराट अंधकार को,

बढ़ती चली आती है विशाल ब्रह्मांड में,

उस किरण के साहस को अंधकार भी प्रणाम करता है।

www.ingramcontent.com/pod-product-compliance
Lightning Source LLC
Chambersburg PA
CBHW032005140726
47988CB00019B/3344